Saltar a la cuerda

por Mimi Chapra

ilustrado por Selina Alko

traducido por Esther Sarfatti

Bebop Books

An imprint of LEE & LOW BOOKS Inc.

Le toca saltar a ella.

Termina de saltar.

Le toca saltar a él.

Termina de saltar.

Le toca saltar a ella.

Termina de saltar.

¡Ahora saltamos todos!